Storytelling für Unternehmen

Mit Geschichten erfolgreich werden.Tipps und Tricks

Christopher Lodge

1. Auflage

Inhaltsverzeichnis

Einleitung

Das digitale Zeitalter bietet Verkäufern und Käufern neue Chancen

Mit dem digitalen Zeitalter haben Kunden und Unternehmen viel mehr Möglichkeiten, um Waren einzukaufen oder zu verkaufen. Auch die Zahl derer, die im Internet selbständig sind und via Onlineshop verkaufen, nimmt täglich zu. Die Konkurrenz ist groß und deshalb müssen die Produkte gut vermarktet werden. Jedoch funktioniert die Bannerwerbung nicht mehr und sogar die riesigen Plakatwände beeindrucken die Kunden nicht. Die Menschen lassen sich nichts mehr vormachen und glauben nicht mehr alles, was Werbeslogans aussagen.

Wenn Kunden heute ein Produkt kaufen, dann recherchieren sie dazu im Internet und vergleichen. Doch auch die Unternehmen machen sich die neue Technik zunutze – und so entsteht eine Fülle an Informationen.

Unternehmen müssen auf sich aufmerksam machen und Kunden überzeugen. Ein paar Strategien funktionieren nicht mehr, andere dafür um so besser. Eine Methode, die es schon ewig gibt, ist das Erzählen von Geschichten. Doch auch hier gilt es bestimmte Regeln einzuhalten, damit sich die Kunden angesprochen fühlen. Denn nicht der Chef bestimmt, welche Webekampagne gut ist, sondern sowohl Verbraucher als auch Beschäftigte dürfen sich und ihre Vorstellungen mit einbringen. Denn gute Geschichten brauchen ein gutes Team.

Für die Verkaufsstrategie ist Kommunikation die Basis: Besonders Content und Social Media sind hier hervorzuheben. Wenn über bekannte große Marken Geschichten zu lesen sind oder zu hören und zu sehen, dann identifizieren sich die Kunden mit dem Produkt der Geschichte. So vermittelt Brand Storytelling der Zielgruppe, wofür die Marke steht. Demnach haben die erfolgreichen Marken ein eigenes Rezept für gute Geschichten, sonst würden die Kunden keine positive Einstellung gegenüber der Marke haben. Damit Storytelling im Marketing eines Unternehmens eingesetzt werden kann, muss die Marke eine Botschaft enthalten. Welche Botschaft am besten zu der Firma passt, lässt sich durch Fragen herausfinden. Ob sich das Team für die richtigen Inhalte entschieden hat, erfährt das Unternehmen zum Beispiel über

Rückmeldungen der Kunden in den sozialen Netzwerken. Zudem kann sich die Brand Story immer weiter entwickeln und sollte stets auf den neuesten Stand gebracht werden.

Storytelling ist wieder im Trend

Auch andere Marketing-Modelle haben nicht ausgedient, sondern werden weiterhin mit einbezogen. Denn ein Unternehmen will auf sich aufmerksam machen, Interesse bei den Kunden wecken, Bedürfnisse befriedigen und zum Kaufen animieren. Die großen Marken haben längst erkannt, welches Potential im Storytelling steckt. Doch die Unternehmen haben es sich nicht einfach gemacht, denn eine Geschichte wird unter bestimmten Gesichtspunkten aufgebaut und für andere erfahrbar gemacht. Auf die

Art wird Wissen weitergegeben und so erzählt, dass die Zuhörer interessiert sind. Da Unternehmen ein besonderes Image haben, für das sie stehen, wollen Kunden Teil der Geschichte werden. Um so mehr müssen Produkt, Marke und Geschichte stimmig sein. Sodann lässt sich der Betrachter und Zuhörer auf das Abenteuer ein und lässt sich mitreißen. Storytelling ist also keine neumodische Erfindung: Es werden nur Tatsachen oder Neuigkeiten gezielt zusammengefügt, damit sie eine runde Geschichte ergeben. Die können die Zuhörer dann gut weitererzählen und das werden sie auch tun. Nämlich wenn ein Produkt für ein bestimmtes Lebensgefühl steht, ein ungewöhnliches Design hat oder der Name bereits aussagekräftig ist. Das heißt auch, dass nur wirklich gute Geschichten erfolgreich werden.

Damit ein Mensch auf eine Geschichte aufmerksam wird, müssen Voraussetzungen erfüllt werden. Die Geschichte muss eine Zielgruppe ansprechen und deren Bedürfnisse treffen. Erst wenn sich der Empfänger für die Geschichte interessiert, wird er sie bis zum Ende verfolgen und weitersagen. Gerade die herausragenden Geschichten werden im Netz geteilt und so erfahren zahlreiche User etwas Neues über einen Helden, also die Marke. Gelungenes Brand Storytelling setzt sich aus verschiedenen Elementen zusammen. Hauptsächlich ist die Geschichte der Entstehung genauso wichtig wie Kunden und Produkte. Dazu gehören die Werte, die dem Unternehmen wichtig sind sowie seine eigenen Pläne für die Zukunft.

Emotionen beim Kunden hervorrufen

Jeder, der einen Begriff hört, verbindet damit seine eigenen Vorstellungen. So wird der Kamin sofort mit lodernden Flammen, behaglicher Wärme und Geborgenheit verknüpft. Denn auch Geschichten rufen Bilder hervor, die bei den einen Erinnerungen wecken und bei den anderen Emotionen auslösen. So ist die Wärme der Flammen regelrecht spürbar. Diesen Effekt machen sich die Erzähler der Geschichten zunutze, denn oft rauschen Informationen an den Empfängern vorbei, ohne wirklich wahrgenommen zu werden. Doch die Geschichten sind Auslöser für Situationen, die Personen erlebt haben, an die sie sich erinnern können und die sie mit etwas verbinden. Der Vergleich von damals und heute setzt Handlungen in

Bewegung. Menschen kaufen ein Produkt, weil es sie an die eigene Kindheit erinnert und so schmeckt das Bonbon dem Erwachsenen heute noch genauso gut wie damals. Storytelling erreicht die Menschen tief im Innern, denn wenn den Personen etwas nahe geht oder sie von etwas gerührt sind, dann genügt ein Stichwort, um Erinnerungen hervorzurufen. Zum Beispiel können Katastrophen bei Menschen Betroffenheit auslösen, auch wenn das Geschehen weit weg ist und diejenigen nicht persönlich damit zu tun haben. Allein die Berichte aus dem Fernsehen und der Zeitung reichen aus, um die Menschen aus ihrem Alltag herauszureißen. Geschichten ziehen Empfänger an und die Personen setzen sich mit dem Inhalt auseinander. Da das Gehirn alle Eindrücke die der Mensch empfängt, verarbeitet und speichert, lässt sich das Wahrgenommene auch wieder abrufen. Die Geschichten verknüpfen vorhandene Informationen und Neues miteinander, sodass ein komplexes Ganzes entsteht.

Was ist eine Geschichte?

Storytelling verwendet Geschichten. Jedoch sind verschiedene Wege möglich, um mit Geschichten zu arbeiten. Die verbale Methode ist die übliche althergebrachte Form. Die Wiedergabe der Geschichten als Video ist Teil des digitalen Storytellings, das erst möglich ist, seitdem es das Internet gibt. Da sich mit dem Einzug von YouTube und Facebook Filme in Windeseile verbreiten, werden durch diese Kanäle viel mehr Menschen erreicht. Die Konsumenten können die Geschichte auf dem Video zu jeder Tages- und Nachtzeit abrufen und so oft ansehen, wie sie wollen. Die Videos lassen sich durch eingeblendete Wörter oder Musik ergänzen und je ungewöhnlicher das Video ist, desto häufiger wird es geteilt. Dann gibt es noch die vertonten Bücher, die Hörbücher. Die kann sich der Nutzer anhören und im Kopf vorstellen, wie beispielsweise die Hauptpersonen aussehen.

Digital Storytelling hat seinen eigenen Platz innerhalb der Medienwelt gefunden, weil es dort mehr Alternativen der Verbreitung gibt. Vom Blog, der App, bis hin zum Tutorial gibt es die unterschiedlichsten Varianten des Erzählens, die sowohl informativ als auch unterhaltend sein können oder eine Lebensgeschichte erzählen. So ist es möglich, die eigene Biografie niederzuschreiben, zu verfilmen und über verschiedene Kanäle zu verbreiten. Allerdings wird die Geschichte für jedes einzelne Medium aufbereitet und hergestellt. So sind die Empfänger des digitalen Storytellings dann auch passiv und hören zu, während Transmedia

Storytelling die Zuschauer zu Aktionen animiert, um in den sozialen Netzwerken aktiv zu werden.

Das Wort Storytelling

Das Wort Storytelling kommt aus dem Englischen und es lässt sich ideal übersetzen. Eigentlich ist nach der Übersetzung keine große Erklärung mehr nötig, denn in diesem Fall ist die Aussage eindeutig. Denn Storytelling setzt sich aus zwei Teilen zusammen: Story und telling. So lautet die Frage zu Story: Was ist eine Geschichte? Die Frage zu telling: Wie werden Geschichten erzählt?

Täglich werden Geschichten erzählt, ohne dass sich diejenigen Gedanken darüber machen, was das Besondere daran ist. Bevor es daran geht Brand Storys zu finden, ist es wichtig zu wissen, was eine Geschichte auszeichnet. Denn die Werbung und deren Kampagnen sind sehr verschieden und wirken auch unterschiedlich auf die Kunden. Was macht die Geschichte also rund? Nur reines Wissen aufzuzählen, reicht nicht aus. Es kommt eben auf die Zubereitung und die Form an.

Eine Geschichte hat einen Anfang, eine Mitte und einen Schluss. Doch die Komödie oder Tragödie kann noch detaillierter dargestellt werden. So entstand die Pyramide aus: Einleitung, erregendes Moment, Steigerung, Klimax, fallende Handlung, Entspannung, Auflösung.

Einleitung: Sie bestimmt den Ort, die Zeit und die Hauptpersonen. Sie deutet auf eine Auseinandersetzung oder die

Intention der Personen hin. Der Zuschauer spürt, dass sich etwas zuspitzt, unter den Beteiligten. Erregendes Moment: Auseinandersetzung, Geschichte entwickelt sich. Steigerung: Die Lage spitzt sich zu. Hauptpersonen und Nebendarsteller fühlen sich bedroht. Klimax: Die Situation für die Hauptperson verbessert oder verschlechtert sich. Fallende Handlung: Die Auseinandersetzung beruhigt sich langsam, jedoch ist die Lage noch nicht entspannt. Auflösung: Die Hauptperson ist zufrieden oder enttäuscht. Alles klärt sich auf. Die Pyramide wird sehr häufig angewendet – sogar in Werbespots, die nur eine halbe Minute dauern. Der Grund ist die komplette Geschichte, die erzählt wird, denn der Zuschauer will wissen, wie die Geschichte endet. Für die Werbung ist nun entscheidend, auf welcher Seite der Zuschauer steht. Schließlich soll sich der

Zuschauer mit den Prinzipien des Unternehmens identifizieren.

In der Regel gilt dem Helden die Empathie der Zuschauer, wenn sie ihren Helden auf seiner Reise begleiten. Denn der Held muss seine gewohnte Umgebung verlassen. Er zögert, denn er weiß nicht, was ihn erwartet. Er macht sich schließlich doch auf den Weg ins Abenteuer, weil er Hilfe bekommt. Doch der Weg in die andere Welt ist nicht so einfach, da den Helden immer wieder Zweifel überkommen. Doch er geht. Der Held muss Prüfungen bestehen und kämpfen, so wird es auch für den Zuschauer spannend. Als der Held ein weibliches Wesen kennenlernt, bedeutet die Verbindung gleichzeitig zusätzliche Hilfe im positiven Sinn. Denn den Helden erwartet auch eine Frau, die ihn von seiner Mission abhalten will. Schließlich umfasst die Heldenreise die Anerkennung durch den Vater. Damit hat der Held alle Prüfungen bestanden und die

Verwandlung vollzieht sich auch äußerlich. Auf dem Höhepunkt der Geschichte hat der Held alle Aufgaben erfüllt und kann sich auf die Rückreise begeben, die nicht einfach sein wird, aber spannend. Obwohl der Held sich verändert hat, bekommt er Hilfe, was ihn sympathisch macht. Die Ankunft in der alten Welt verdeutlicht noch einmal. Wie sich der Held verwandelt hat. Er kommt in zwei Welten zurecht und hat seine Angst überwunden. Er ist frei. Die Heldenreise hat sich in 17 Schritten entwickelt, wobei das Schema sehr auf einen männlichen Helden zugeschnitten ist. Für die Werbung eignet sich ein einfacheres Schema besser.

Die Heldenreise in 12 Schritten

Fast immer wird von einem Helden gesprochen, der zu seiner Heldenreise aufbricht. Doch natürlich kann auch eine Heldin den Charakter einnehmen. Es ist sogar möglich, Tiere oder Pflanzen die Position zuzuschreiben. Auch die Marke kann der Held in der Geschichte sein.

Eine Heldin benötigt 12 Schritte: Sie verlässt ihre Welt, weil sie darum gebeten wird. Zweifel kommen auf. Erst als sie Zuspruch bekommt, traut sie sich, den ersten Schritt zu gehen. Sie muss kämpfen, Aufgaben erledigen, eine schwere Prüfung ablegen und sie wird für ihren Mut belohnt. Sie begibt sich auf den Weg zurück, selbstbewusst und mit einer neuen Erkenntnis.

Es ist immer gut, die entsprechenden Fragen zu stellen, bevor die Geschichte entsteht. In der ersten Phase: Welche Situation liegt vor? Warum soll sich etwas verändern? Was hält die Heldin zurück? Wer hilft ihr? Wann entscheidet sie sich? Für die zweite Phase: Um welche Auseinandersetzung handelt es sich? Was passiert und welche Verwandlung tritt ein? War es die Mühe wert? Phase 3: Was hat sich verändert? Was hat der Kampf bewirkt? Wozu war er gut?

Jede Geschichte entwickelt sich aus einer Ausgangssituation (Anfang) heraus, sie hat einen Helden und etwas geschieht (Auseinandersetzung). Es folgt eine Veränderung der Situation und es ergibt sich eine Lösung des Problems mit einem veränderten Ende. Dieser Verlauf zeigt deutlich, dass eine Geschichte dramaturgisch aufgebaut ist. Die

Zuschauer erfahren, an welchem Ort sich die Geschichte zuträgt, zu welchem Zeitpunkt sie sich abspielt und welche Personen mit dabei sind. Sie beginnt mit einer Anfangssituation, der eine Mitte folgt und die Geschichte endet, nachdem das Zerwürfnis behoben wurde. Der Spannungsbogen hält einerseits die komplette Geschichte zusammen und andererseits wird das Interesse der Zuschauer geweckt. Das ist ein häufig verwendetes Schema für viele Geschichten und Filme sowie die vielschichtigen Probleme, die die Menschen miteinander haben.

Eine Geschichte kann spielerisch dargestellt werden, es gibt sie als Film oder in Buchform. Egal, welche Medien verwendet werden, der Aufbau der Geschichte darf nicht vom Schema abweichen, weil sich die Zuschauer sonst abwenden. So wird ein Film, ein Vortrag oder eine Geschichte nur vom Zuschauer beachtet, wenn alles stimmig ist und den Zuschauer anspricht.

Wie werden Geschichten erzählt?

Wer eine Geschichte erzählen möchte, der sollte sich zuerst überlegen, was er mit der Geschichte bezwecken möchte. Aufgrund dessen muss das genaue Ziel festgelegt werden. Was soll mit der Geschichte erreicht werden? Steht das Ziel fest, dann sollte zwischendurch trotzdem eine Überprüfung stattfinden, ob die Geschichte so zum Ziel passt.

Storytelling hat nicht nur das Ziel im Auge, sondern auch die Zielgruppe. Welcher Personenkreis stellt die passende Zielgruppe dar? Wo ist diese Zielgruppe zu finden?

Es gibt verschiedene Geschichten, aber um welche Geschichte dreht es sich? In diese Überlegung muss sowohl das Ziel als auch die Gruppe miteinbezogen werden.

Geschichten, die über Erlebnisse mit Käufern und einem Produkt berichten.

Geschichten, die von der Entstehung eines Unternehmens berichten.

Geschichten, die von der Entstehung einer Marke berichten.

Geschichten, die über ein Produkt berichten.

Geschichten, die über Angestellte und Käufer einer Firma berichten. Dabei handelt es sich um die Erlebnisse aus der Sicht der Angestellten, aber auch die

Käufer berichten, wie sie die Firma und das Produkt erleben.

Die W-Fragen sind immer eine gute Möglichkeit, um sich an den Kern heranzutasten. Eine Frage könnte zum Beispiel lauten: Wie lange existiert die Firma, das Produkt, die Marke?

Die Geschichte braucht einen Helden: Das kann ein Mensch sein, ein Tier oder eine ausgedachte Person, die bei den Zuschauern Emotionen weckt. Jedoch ist auch hier wieder darauf zu achten, um welche Zielgruppe es geht und welches Ziel den Helden antreibt.

Die Geschichte muss einen Anfang, eine Mitte und einen Schluss haben. Das ist der grobe Aufbau eines durchgängigen Ablaufs, damit die Zuschauer sich für die Geschichte interessieren.

Zu Beginn werden die Hauptperson und der Konflikt erwähnt, den die Person auch erst regeln will. Doch dabei tauchen Probleme auf, die zuerst unlösbar erscheinen, doch schließlich schafft es die Hauptperson oder auch nicht.

Im Alltag erzählen sich die Menschen Geschichten, ohne dass groß darüber nachgedacht wird. Jeder kann Geschichten erzählen: sowohl Kinder als auch Erwachsene. Ein Unternehmen wird sich überlegen, wen es mit der Geschichte erreichen möchte und wer der Erzähler ist. Viele Geschichten, die über eine Firma berichtet werden, werden von Außenstehenden erzählt. So wird es auch mit ausgedachten Geschichten gehandhabt.

Eine Firma kann auch mehrere Personen zu Wort kommen lassen. Zum Beispiel kann der Chef über die Entstehung der Firma sprechen, eine Mitarbeiterin erklärt ein Produkt und Kunden erzählen von der Erfahrung mit einer Firma.

Geschichten müssen nicht komplett erzählt werden. So lässt sich ein Abschnitt darstellen oder es werden nur markante Einschnitte in der Firmengeschichte erwähnt. Geht es um ein Produkt, dann darf auch über einen anfänglichen Misserfolg berichtet werden. Auch in den sozialen Netzwerken wird über Firmen berichtet, doch häufig steht den Usern nicht so viel Platz zur Verfügung. Darum beschränken sich die Erzähler auf Fotos, die dann kommentiert werden.

Bei der Überlegung der zu verwendenden Mittel muss sowohl das Ziel als auch die Gruppe berücksichtigt werden.

Storytelling verwendet Sprache, Text und Fotos in Kombination.

Um eine Geschichte bekanntzugeben, stehen dem Anwender verschiedene Wege zur Verfügung. Wer die sozialen Netzwerke einbinden will, kann sich an die entsprechende Zielgruppe wenden. Ein weitverbreiteter Weg im Internet ist der Newsletter. Jedoch lässt sich auch heutzutage eine Geschichte abdrucken.

Besonders Autoren binden über Facebook oder einen Blog ihre Leser mit in den Arbeitsprozess ein, indem sie die Leser über das Ende einer Geschichte abstimmen lassen oder welcher Charakter im nächsten Buch vorkommen soll. Auch der Daumen hoch oder runter ist ein Kommentar.

Kunden erhalten von den Firmen ein Testprodukt und verfassen eine ausführliche Beurteilung über den Artikel.

User erwarten auch sofort eine Rückmeldung. Sobald etwas nicht beantwortet wird oder verspätet, ist es nicht mehr interessant genug. Dann rufen die Nutzer die Seite nicht mehr auf. Ein Unternehmen hat dafür extra einen Support, über den alles abgewickelt wird. Schließlich können User ihren Kommentar rund um die Uhr abgeben und an Sonn- und Feiertagen. Verbreitet sich eine Geschichte innerhalb von wenigen Minuten im Netz, weil sie so oft geteilt wurde, dann ist die Geschichte gelungen, denn sonst würde sie nicht so beachtet werden.

Storytelling kann sich im digitalen Zeitalter technische Erneuerungen zunutze machen. So lassen sich Geschichten abdrucken und zusätzlich über andere Wege verbreiten. Über die sozialen Netzwerke kann eine Geschichte über Nacht und rund um die Welt zur Erfolgsstory werden. Daumen hoch oder Daumen runter hat allerdings zur Folge, dass sich der Erfolg genauso schnell in einen Misserfolg verwandeln kann. Wenn sich die Gruppe beeinflussen lässt, können sich die Erfinder der Geschichten nie vollkommen sicher sein, ob das gewünschte Ziel trotz guter Vorbereitung eintritt. So fällt die Meinung der Zielgruppe unterschiedlich aus, zudem ist die Zielgruppe ein gutes Barometer für die Storyteller.

Wie finden Unternehmen Geschichten?

Täglich erwarten Menschen schöne oder unglückliche Momente im Leben. Ob Tod, Liebe, Gut oder Böse, das Leben steckt voller Überraschungen und genau da finden die Unternehmen ihre Geschichten. Natürlich können die Firmen sich nicht wahllos ein Thema heraussuchen, denn es sollte schon passen. Zwar muss ein Unternehmen nicht immer an den alten Texten festhalten, es kann sich auch auf Neues einlassen, um Geschichten zu finden.

Storytelling ist erfolgreich, wenn diejenigen, die eine Geschichte erzählen wollen, sich an bestimmte Kriterien halten. Dann können sie ein Konzept entwickeln und die Geschichte schreiben. Im Gegensatz zu großen Werbekampagnen ist die Geschichte zu Beginn weder teuer noch aufwendig. Es muss eben nur die Idee sein, die stimmig ist. Storytelling orientiert sich zum einen an der Unternehmensphilosophie. Das Unternehmen sollte auch etwas über sich und seine Mitarbeiter berichten. Wer sind die Menschen in der Chefetage? Hier wünschen sich die Empfänger etwas Einblick. Sie wollen wissen, wie die Person aussieht, die das Unternehmen führt. Wie ist die Unternehmensfolge geregelt? Arbeiten die Kinder, also die nächste Generation, im Unternehmen mit? Alles, was authentisch ist, einen persönlichen Einblick in das Leben der Unternehmer gewährt und Emotionen zulässt, eignet sich zum Storytelling. Das beste Beispiel ist: vom Tellerwäscher bis zum Millionär. Doch manch eine Geschichte kann sich zu einer Komödie oder Tragödie entwickeln. In der heutigen Zeit sollten Firmen für ihre Geschichten nach Nischen suchen oder die Angestellten in ihre Geschichten miteinbeziehen. So stehen die Personen im Mittelpunkt, die Marke und Emotionalität. Mit einer Mischung aus bereits vorhandenen Informationen, Neuigkeiten und nach einem bewährten Schema lernt der Zuschauer die Geschichte kennen und bleibt interessiert dabei. Wichtig ist dabei, zuerst die Aufmerksamkeit bei dem Zuschauer zu wecken.

Es ist wichtig, die Geschichte im zu Erklärenden zu suchen, den Empfänger abzuholen und die Wirkung festzustellen. Soll ein Produkt, beispielsweise eine Lichterkette für den Außenbereich erklärt werden, dann sind die Zielgruppe Personen, die gern den Außenbereich dekorieren wollen. Die Geschichte dazu kann romantisch sein, weil die Lichter eine schöne Stimmung verbreiten. Gleichzeitig sieht das Heim immer bewohnt aus, was Einbrecher abschreckt. Der Sicherheitsaspekt ist ein gutes Argument. Auf die Art können unterschiedliche Fakten verbunden werden, die dem Kunden einmal sachliche Informationen liefern, aber auch Emotionen frei werden lassen.

Die richtige Geschichte zu finden, kann auch mit der ausgewählten Methode zusammenhängen.

Storytelling hat sich seit vielen Jahren bewährt, um Kunden anzuziehen. Das Erzählen liegt wieder einmal im Trend – sowohl beruflich als auch privat, in Unternehmen und Schulen. Geschichten machen neugierig, beleben mit einer durchdachten Handlung und originellen

Hauptpersonen, sie wecken das Interesse ungewohnten Lösungen. Die erfolgreichen Geschichten haben eine besondere Auswirkung auf den Empfänger. Er lässt sich auf die Geschichte ein und reagiert gefühlsbetont. Dadurch wird er sich noch lange an die Geschichte erinnern.

Heute sind Geschichten im Marketing, der Kommunikation und im Wissensbereich anzutreffen. Dafür spricht die Verwendung ausgedachter und selbst erlebter Ereignisse, die die Empfänger vom Produkt überzeugen oder den Angestellten die Betriebszugehörigkeit schmackhaft machen.

Die Konkurrenz ist groß und der Markt ist überfüllt mit tollen Produkten. Kunden haben es schwer sich zu entscheiden, aber auch die Unternehmen müssen einen Weg finden, ihr Produkt an den Kunden zu bringen. Was liegt da näher, als sich, das Produkt oder die Marke mit allen zur Verfügung stehenden Mitteln anzupreisen. Die perfekte Geschichte ist eine Methode. Sie kann dem Unternehmen auf lange Sicht einen Platz am Markt sichern. Wobei es eine vollkommene Geschichte sein kann, eine Serie oder eine Multimedia Show.

Egal, ob die Geschichten die typische Heldenreise verkörpern, witzig sind, interaktiv funktionieren oder als Fortsetzungsreihe angelegt sind, wichtig ist besonders die Authentizität und Glaubwürdigkeit, die ein Unternehmen vorgibt, wenn es sich der Zielgruppe zuwendet. Die Geschichten thematisieren Abläufe in der Produktion, Personalmanagement oder die Firmengeschichte. Geschichten, die etwas über das Privatleben der Gründer berichten oder der Gründer erzählt selbst, wie er das Unternehmen aufgebaut, sind emotional geprägt.

Geschichten nehmen einen Faden wieder auf, wenn sie sich inhaltlich mit der Kundschaft beschäftigen und dabei die Bedürfnisse des Kunden erfüllen. Kunden verhalten sich heute anders als früher. Sie glauben nicht mehr alles was über ein Produkt geschieben wird, sondern überprüfen das Produkt. Im Internet gibt es Portale, die Produkte mit ihren Vor- und Nachteilen vergleichen. Hauptsächlich werden Fakten gegenübergestellt. Wie viel Saugkraft hat der Roboter, wie lange dauert die Ladezeit, kann er Hindernisse umfahren und wie ordentlich saugt das Gerät? Anschießend kann der Kunde abwägen, ob er den Testsieger kauft. Der Kunde kann sich weiter durch das Netz klicken und von der Suchmaschine Seiten anzeigen lassen. Storytelling im Internet ist vielfältig. Grundelemente und Hauptfigur der Geschichte lassen sich optisch darstellen, als Werbefilm oder Video. Geschichten, die zu Aktivitäten auffordern, werden oft angeklickt. Den Firmen stehen für die Präsentation viele Kanäle zur Verfügung. Zeitschriften, TV, Website, und Videokanäle. Wer auf jedem Kanal rund um die Welt präsent ist, an dem kommt kein Kunde vorbei.

Die Verbreitung ist auf unterschiedlichen Wegen möglich. Dazu muss nur das Format verändert werden und sogleich lässt sich die Geschichte an einem anderen Ort im Netz aufrufen. Die Verbreitung an sich geschieht durch die User im Netz. Dabei ist es egal, zu welcher Altersklasse die User gehören und sich die Geschichte ansehen. Junge Leute und Ältere sind alle auf den Portalen aktiv. Lediglich der Schwerpunkt hat sich etwas verlagert. Trotzdem sind Facebook und Websites aktuell und verschaffen dem

Sender im positiven Fall einen schnellen Erfolg, also gute virale Ergebnisse. Eine eingestellte Geschichte auf einer Website sorgt für einen längeren Aufenthalt auf der Seite. Der Kunde sieht sich die Geschichte an und nebenbei fällt ihm ein gutplatziertes Foto auf oder ein Logo. Das veranlasst den Kunden dazu, sich weiter auf der Seite umzusehen. Warum das so wichtig ist? Da kommen wieder die Suchmaschinen ins Spiel. Denn die entscheiden ja, wem die besten Plätze bereitgestellt werden – bei Suchmaschinen kommt Storytelling sehr gut an. Doch auch alle anderen User mobiler Geräte kennen die schnelle Suche, ergo muss digitales Geschichtenerzählen präzise Botschaften enthalten.

Die emotionalen Geschichten verwenden heutzutage Firmen, Vereine und Einzelpersonen, um mit persönlichen

Erlebnissen die Aufmerksamkeit der User zu erlangen. Wobei die Geschichten stets kreativ ausgeschmückt werden, damit sie ihr Ziel nicht verfehlen. Ungewöhnliches, Tatsachen oder originell verfasst lotsen zum Beispiel Vereine User auf ihre Website. Sie haben einen Grund, warum sie dort auftreten oder eine Bitte, wie zum Beispiel Spendenaktionen. Bei so viel ähnlichen Projekten, die auch alle gehört werden wollen, muss sich ein Verband schon etwas einfallen lassen, um nicht unterzugehen. Wer nur etwas vergleicht, wie zum Beispiel die Liste mit den Saugrobotern, der kann mit Storytelling nichts erreichen. Auch der Blog mit Tipps zur Reinigung von Polstern muss keine Geschichte erzählen, denn der Nutzer will wissen, wie die Polstermöbel sauber werden.

Geschichten, die die Ziele einer Firma hervorheben, schaffen eine Möglichkeit, die zum Gespräch einlädt. So lassen sich Veränderungen und neue Strukturen gewissenhaft durchführen. Storytelling ist zudem eine Möglichkeit, um soziale Probleme innerhalb eines Unternehmens zu lösen. Die hauseigene Zeitung informiert über Abläufe in der Firma und der Blog dient dem Informationsaustausch von Mitarbeitern. Themen, die die Angestellten sonst in Gesprächen führen, werden über den Blog gelöst.

Wie finden Unternehmen Geschichten?

Täglich erwarten Menschen schöne oder unglückliche Momente im Leben. Ob Tod, Liebe, Gut oder Böse, das Leben steckt voller Überraschungen und genau da finden die Unternehmen ihre Geschichten. Natürlich können die Firmen sich nicht wahllos ein Thema heraussuchen, denn es sollte schon passen. Zwar muss ein Unternehmen nicht immer an den alten Texten festhalten, es kann sich auch auf Neues einlassen, um Geschichten zu finden.

Storytelling ist erfolgreich, wenn diejenigen, die eine Geschichte erzählen wollen, sich an bestimmte Kriterien halten. Dann können sie ein Konzept entwickeln und die Geschichte schreiben. Im Gegensatz zu großen Werbekampagnen ist die Geschichte zu Beginn weder teuer noch aufwendig. Es muss eben nur die Idee sein, die stimmig ist. Storytelling orientiert sich zum einen an der Unternehmensphilosophie. Das Unternehmen sollte auch etwas über sich und seine Mitarbeiter berichten. Wer sind die Menschen in der Chefetage? Hier wünschen sich die Empfänger etwas Einblick. Sie wollen wissen, wie die Person aussieht, die das Unternehmen führt. Wie ist die Unternehmensfolge geregelt? Arbeiten die Kinder, also die nächste Generation, im Unternehmen mit? Alles, was authentisch ist, einen persönlichen Einblick in das Leben der Unternehmer gewährt und Emotionen zulässt, eignet sich zum Storytelling. Das beste Beispiel ist: vom Tellerwäscher bis zum Millionär. Doch manch eine Geschichte kann sich zu einer Komödie oder Tragödie entwickeln. In der heutigen Zeit sollten Firmen für ihre Geschichten nach Nischen suchen oder die Angestellten in ihre Geschichten miteinbeziehen. So stehen die Personen im Mittelpunkt, die Marke und Emotionalität. Mit einer Mischung aus bereits vorhandenen Informationen, Neuigkeiten und nach einem bewährten Schema lernt der Zuschauer die Geschichte kennen und bleibt interessiert dabei. Wichtig ist dabei, zuerst die Aufmerksamkeit bei dem Zuschauer zu wecken.

Es ist wichtig, die Geschichte im zu Erklärenden zu suchen, den Empfänger abzuholen und die Wirkung festzustellen. Soll ein Produkt, beispielsweise eine Lichterkette für den Außenbereich erklärt werden, dann sind die Zielgruppe Personen, die gern den Außenbereich dekorieren wollen. Die Geschichte dazu kann romantisch sein, weil die Lichter eine schöne Stimmung verbreiten. Gleichzeitig sieht das Heim immer bewohnt aus, was Einbrecher abschreckt. Der Sicherheitsaspekt ist ein gutes Argument. Auf die Art können unterschiedliche Fakten verbunden werden, die dem Kunden einmal sachliche Informationen liefern, aber auch Emotionen frei werden lassen.

Die richtige Geschichte zu finden, kann auch mit der ausgewählten Methode zusammenhängen.

Storytelling hat sich seit vielen Jahren bewährt, um Kunden anzuziehen. Das Erzählen liegt wieder einmal im Trend – sowohl beruflich als auch privat, in Unternehmen und Schulen. Geschichten machen neugierig, beleben mit einer durchdachten Handlung und originellen

Hauptpersonen, sie wecken das Interesse ungewohnten Lösungen. Die erfolgreichen Geschichten haben eine besondere Auswirkung auf den Empfänger. Er lässt sich auf die Geschichte ein und reagiert gefühlsbetont. Dadurch wird er sich noch lange an die Geschichte erinnern.

Heute sind Geschichten im Marketing, der Kommunikation und im Wissensbereich anzutreffen. Dafür spricht die Verwendung ausgedachter und selbst erlebter Ereignisse, die die Empfänger vom Produkt überzeugen oder den Angestellten die Betriebszugehörigkeit schmackhaft machen.

Die Konkurrenz ist groß und der Markt ist überfüllt mit tollen Produkten. Kunden haben es schwer sich zu entscheiden, aber auch die Unternehmen müssen einen Weg finden, ihr Produkt an den Kunden zu bringen. Was liegt da näher, als sich, das Produkt oder die Marke mit allen zur Verfügung stehenden Mitteln anzupreisen. Die perfekte Geschichte ist eine Methode. Sie kann dem Unternehmen auf lange Sicht einen Platz am Markt sichern. Wobei es eine vollkommene Geschichte sein kann, eine Serie oder eine Multimedia Show.

Egal, ob die Geschichten die typische Heldenreise verkörpern, witzig sind, interaktiv funktionieren oder als Fortsetzungsreihe angelegt sind, wichtig ist besonders die Authentizität und Glaubwürdigkeit, die ein Unternehmen vorgibt, wenn es sich der Zielgruppe zuwendet. Die Geschichten thematisieren Abläufe in der Produktion, Personalmanagement oder die Firmengeschichte. Geschichten, die etwas über das Privatleben der Gründer berichten oder der Gründer erzählt selbst, wie er das Unternehmen aufgebaut, sind emotional geprägt.

Geschichten nehmen einen Faden wieder auf, wenn sie sich inhaltlich mit der Kundschaft beschäftigen und dabei die Bedürfnisse des Kunden erfüllen. Kunden verhalten sich heute anders als früher. Sie glauben nicht mehr alles was über ein Produkt geschieben wird, sondern überprüfen das Produkt. Im Internet gibt es Portale, die Produkte mit ihren Vor- und Nachteilen vergleichen. Hauptsächlich werden Fakten gegenübergestellt. Wie viel Saugkraft hat der Roboter, wie lange dauert die Ladezeit, kann er Hindernisse umfahren und wie ordentlich saugt das Gerät? Anschießend kann der Kunde abwägen, ob er den Testsieger kauft. Der Kunde kann sich weiter durch das Netz klicken und von der

Suchmaschine Seiten anzeigen lassen. Storytelling im Internet ist vielfältig. Grundelemente und Hauptfigur der Geschichte lassen sich optisch darstellen, als Werbefilm oder Video. Geschichten, die zu Aktivitäten auffordern, werden oft angeklickt. Den Firmen stehen für die Präsentation viele Kanäle zur Verfügung. Zeitschriften, TV, Website, und Videokanäle. Wer auf jedem Kanal rund um die Welt präsent ist, an dem kommt kein Kunde vorbei.

Die Verbreitung ist auf unterschiedlichen Wegen möglich. Dazu muss nur das Format verändert werden und sogleich lässt sich die Geschichte an einem anderen Ort im Netz aufrufen. Die Verbreitung an sich geschieht durch die User im Netz. Dabei ist es egal, zu welcher Altersklasse die User gehören und sich die Geschichte ansehen. Junge Leute und

Ältere sind alle auf den Portalen aktiv. Lediglich der Schwerpunkt hat sich etwas verlagert. Trotzdem sind Facebook und Websites aktuell und verschaffen dem Sender im positiven Fall einen schnellen Erfolg, also gute virale Ergebnisse. Eine eingestellte Geschichte auf einer Website sorgt für einen längeren Aufenthalt auf der Seite. Der Kunde sieht sich die Geschichte an und nebenbei fällt ihm ein gutplatziertes Foto auf oder ein Logo. Das veranlasst den Kunden dazu, sich weiter auf der Seite umzusehen. Warum das so wichtig ist? Da kommen wieder die Suchmaschinen ins Spiel. Denn die entscheiden ja, wem die besten Plätze bereitgestellt werden – bei Suchmaschinen kommt Storytelling sehr gut an. Doch auch alle anderen User mobiler Geräte kennen die schnelle Suche, ergo muss digitales Geschichtenerzählen präzise Botschaften enthalten.

Die emotionalen Geschichten verwenden heutzutage Firmen, Vereine und Einzelpersonen, um mit persönlichen Erlebnissen die Aufmerksamkeit der User zu erlangen. Wobei die Geschichten stets kreativ ausgeschmückt werden, damit sie ihr Ziel nicht verfehlen. Ungewöhnliches, Tatsachen oder originell verfasst lotsen zum Beispiel Vereine User auf ihre Website. Sie haben einen Grund, warum sie dort auftreten oder eine Bitte, wie zum Beispiel Spendenaktionen. Bei so viel ähnlichen Projekten, die auch alle gehört werden wollen, muss sich ein Verband schon etwas einfallen lassen, um nicht unterzugehen. Wer nur etwas vergleicht, wie zum Beispiel die Liste mit den Saugrobotern, der kann mit Storytelling nichts erreichen. Auch der Blog mit Tipps zur Reinigung von Polstern muss keine Geschichte erzählen, denn der Nutzer will wissen, wie die Polstermöbel sauber werden.

Geschichten, die die Ziele einer Firma hervorheben, schaffen eine Möglichkeit, die zum Gespräch einlädt. So lassen sich Veränderungen und neue Strukturen gewissenhaft durchführen. Storytelling ist zudem eine Möglichkeit, um soziale Probleme innerhalb eines Unternehmens zu lösen. Die hauseigene Zeitung informiert über Abläufe in der Firma und der Blog dient dem Informationsaustausch von Mitarbeitern. Themen, die die Angestellten sonst in Gesprächen führen, werden über den Blog gelöst.

Die Wirkung von Geschichten

Nicht jedes Ziel in einer Geschichte ist gleich, denn Geschichten können informativ sein, unterhaltend, emotional und zum Kaufen ermutigen. Das ist seit Jahren so üblich, wenn Unternehmen sich darstellen. Die Texte müssen den Leser ansprechen und sein Interesse wecken, denn nur gutes Material wird vom Empfänger verwertet. Das bedeutet auch, die richtige Zielgruppe anzusprechen, dann bleibt die außergewöhnliche Geschichte noch lange in Erinnerung.

Wenn eine Geschichte auf den Empfänger wirken soll, dann muss sie ihn bezüglich einer persönlichen Thematik erreichen. Sodann wird der Empfänger in die

Geschichte geholt und er verfolgt begeistert den Inhalt. Bis sich schließlich alles zur Zufriedenheit regelt und die Geschichte mit einer Botschaft endet, denn hier wird die Moral am meisten beachtet, weil jeder wissen will, was am Ende passiert, falls ihn die Geschichte gepackt hat. Diese Vorlage lässt sich beliebig anwenden und mit persönlichen Inhalten füllen, wobei der Verlauf überzeugend und schlüssig aufgebaut werden sollte. Genau nach diesem Prinzip sind auch spannende Bücher aufgebaut. Demnach kann die Geschichte eines Unternehmens genauso fesselnd sein, wie ein Krimi. Da Krimis gern gelesen werden, verwenden die Unternehmen das erfolgreiche Muster und übertragen es auf ihr eigenes Unternehmen.

Die Geschichte ist bildhaft formuliert, lebhaft gesprochen, steckt voll bleibender

Eindrücke – und schon sitzt das Vernommene fest in der Erinnerung. Die Themen unterscheiden sich enorm – die Geschichte ist nach einem Schema aufgebaut. Sie bewirkt mehr als das Handeln der Empfänger. Die Geschichte hält die Spannung aufrecht, damit die Zuschauer sich nicht langweilen.

Der Spannungsbogen entwickelt sich vom Ausgangspunkt aus bis hin zum Ende. Anschließend ist die Geschichte, die aus fünf Teilen besteht, fertig: Dazu gehören der gefühlsbetonte Ausgangspunkt, ein ansprechender Charakter und Konflikte, die der Charakter aus dem Weg räumen muss. Gegenüber vorher ist nachher etwas anders, der Höhepunkt auf dem Spannungsbogen und letztendlich die Botschaft, die in Erinnerung bleibt. Aus diesem Erlebnis heraus prägt sich die

Botschaft so ein, dass sie auch anderen erzählt wird.

Ein Handlungsgerüst ist eine gute Hilfeleistung, um den Inhalt einer Geschichte wiederzugeben. Hierbei gibt es unterschiedliche Varianten, die sich einfach umsetzen lassen. So können sich anfänglich mehrere Aufgaben in dem Text befinden, die dem Leser mysteriös vorkommen, doch letztendlich löst sich alles wunderbar auf. Der Leser ist schließlich sehr erstaunt.

In einer anderen Variation kommen verschiedene Charaktere vor, die nach außen hin keine Berührungspunkte miteinander haben. Doch es gibt eine Gemeinsamkeit und das ist das Thema des Inhalts und dadurch baut sich Spannung auf.

Eine Hauptperson, die sich immer gegen andere wehren muss und der nur Steine in den Weg gelegt werden, hat es wirklich nicht leicht. Doch am Ende wendet sich das Blatt und die Hauptperson genießt den Erfolg, für den sie so kämpfen musste. Da fühlt natürlich auch der Zuschauer mit.

Es gibt Produzenten, die drehen nur lustige Filme, weil die Menschen gerne ins Kino gehen, um zu lachen. Auch so lässt sich eine Geschichte aufbauen. Ein durchdachter Text endet mit einer witzigen Pointe. Am Ende muss der Zuschauer herzlich lachen oder schmunzeln. Allerdings ist es gar nicht so einfach, ansprechende lustige Erzählungen zu schreiben, da nicht alle Personen über die gleichen Inhalte lachen können. Deshalb ist es zwar schön, eine Geschichte mit entsprechendem Humor zu versehen, aber es darf eben nicht daneben gehen.

Ganz einfach ausgedrückt setzt sich eine ansprechende Geschichte aus drei Akten zusammen, also einer Heldengeschichte. Alles, was sich die Menschen im Alltag erzählen, sind genau die kleinen Dramen und Komödien. Ganz unbewusst werden die Geschichten nach diesem Aufbauprinzip erzählt, ohne dass sich die Personen überlegen, wie das Erzählte aufgebaut ist. Gerade das, was den Personen täglich zustößt ist interessant. Denn die besten Geschichten schreibt das Leben, so etwas kann sich niemand ausdenken. Jedoch entwickeln authentische Geschichten eine größere Anziehungskraft auf die Menschen, weil sich die Personen in die Situation hineinversetzen können. Vielleicht dienen diese Geschichten sogar als Vorbild oder sie sind motivierend.

Das Schreiben ist auch eine Übungssache, die später leicht von der Hand geht, wenn die Regeln in Fleisch und Blut übergehen. Wobei sich Regeln wieder so schwierig anhört. Damit ist gemeint, nicht einfach drauflos zu schreiben, sondern sich zuerst zu überlegen, was und warum etwas verfasst werden soll. Schließlich soll mit einer Geschichte etwas bewirkt werden, denn der Inhalt enthält eine Botschaft, die an die Leser und Zuschauer gerichtet ist. Was also liegt dem Sender am Herzen? Wenn diese Punkte geklärt sind, dann kann sich daraus ein Text entwickeln, der auch allgemein verwendet werden kann. Denn im Internet werden viele Texte geschrieben, die alle gut aufbereitet werden müssen, damit sie Beachtung finden. Auch das sind effektive Maßnahmen im Marketing.

Die Geschichte muss stimmig sein und zur Firma sowie dem Inhaber passen. Auch die Firmenphilosophie gibt die Richtung vor, wie die Geschichte formuliert werden kann, damit sie in das Konzept passt. Übertriebene Selbstdarstellung kommt übrigens bei der eigenen Zielgruppe gar nicht gut an.

Die Empfänger sind an allem interessiert: an dem Sender und seinem Leben, seinem Unternehmen, seiner Marke und dem Produkt. Die Gründe dafür sind verschieden. Zum einen wollen sich die Empfänger mit dem Sender identifizieren, die Marke überzeugt oder sie wollen mit einem eigenen Unternehmen genauso erfolgreich werden. Der Sender hat also eine Vorbildfunktion und sollte sich einfach menschlich geben. So kann der Empfänger mit dem Sender mitfühlen.

Falls sich ein Zuschauer nicht von der Geschichte angesprochen fühlt, dann hat sie ihn auch nicht berührt. Wobei schon irgendeine Reaktion ausreicht, wie etwa lachen oder weinen. Diese Emotionen fördern das Zusammengehörigkeitsgefühl und stärken die Gruppe. Zumindest für einen bestimmten Zeitraum, wenn beispielsweise mehrere Zuschauer einen Film ansehen.

Interessant wird es für den Zuschauer, wenn er nachdenken muss, also geistig herausgefordert wird. Dadurch setzt ein Denkprozess ein, der womöglich in einer Richtungsänderung endet. Nach dem Prinzip: Aus der Sicht wird mir einiges verständlich.

Strahlt der Inhalt Überheblichkeit aus, dann wird der Leser eher von dem Text Abstand nehmen, als weiter zu lesen. Ein Sender, der sich von Beginn an mit seiner Zielgruppe auf eine Stufe stellt, holt die einzelnen Personen ab und zeigt so Verständnis.

Der Geschichtenerzähler sollte nichts versprechen, was er nicht halten kann. So etwas kommt bei der Zielgruppe gar nicht gut an. Die Zielgruppe möchte schließlich, dass die Erwartungen erfüllt werden. Falls der Sender seine Rede oder seine Geschichte so aufbaut, dass die Zielgruppe auf eine Antwort wartet, dann sollte er auch antworten. Nicht nur der Sender wendet Zeit für seine Geschichten und deren Verbreitung auf, auch die Zielgruppe nimmt sich Zeit zum Zuhören.

Besser ist es, wenn die Zielgruppe aktiv an der Geschichte teilnimmt. Diese Taktik bewirkt wahre Wunder gegenüber den Menschen. Der Mensch ist dabei, er wird beachtet und er ist wichtig. Gleichzeitig hat er Spaß und kann etwas erleben. So profitieren Sender und Empfänger voneinander. Der Sender lässt den Empfänger eteas ausprobieren oder er darf gestalten. So werden Computerspiele verbessert, wenn sie als Early-Access-Spiel angeboten werden. Der Spieler freut sich, weil er als erster ein Spiel testen darf und gleichzeitig gibt er den Entwicklern Tipps. Zudem stellt der Spieler in der Praxis fest, in welchen Bereichen das Spiel verbesserungsbedürftig ist. Häufig hat der Nutzer auch bereits Ideen, durch welche Kniffe der Spielablauf interessanter wird. Doch auch hier reagiert die Zielgruppe unterschiedlich. Die einen warten erst ab, bis das Game als komplett fertig eingestuft wird und die anderen wollen sich unbedingt selbst einbringen. In jedem Fall lassen sich Personen aufgrund praktischer Erlebnisse überzeugen. Auch wenn sich die Theorie wunderbar anhört, Fakten werden verständlicher, wenn gleichzeitig eine Geschichte erzählt wird. Sodann lebt der Leser in der Geschichte, die ihn besonders fasziniert und für die er brennt.

Storytelling ist also auf vielen Gebieten einsetzbar – immer wenn informiert wird, eignet sich Storytelling um den Inhalt durch Geschichten zu veröffentlichen. Doch nicht jeder Flyer eignet sich dazu, um eine Botschaft zu verbreiten. Vieles, was aufwendig als Werbung produziert wird, rauscht an den Menschen vorbei, weil sie es nicht beachten. Die dauerhafte Berieselung mit Slogans wirkt nicht mehr. Der Kunde entscheidet selbst, was er genauer sehen oder hören möchte, alles andere wird schnell vom Display gewischt. Wobei beispielsweise Katzenvideos sogar Menschen ansprechen, die eigentlich keinen näheren Bezug zu diesen Tieren haben. Doch Katzen wecken Emotionen, besonders wenn die Tiere etwas machen, also wenn sie sich beispielsweise unbedingt in kleine Kartons zwängen müssen. Da schauen sogar Menschen hin, die selbst keine Katze haben.

Fakten, die sich hinter einer Geschichte verbergen, binden den Empfänger mit ein. Dadurch bekommt der Inhalt seine Berechtigung und kann auch nach langer Zeit noch abgerufen werden. Sie bleiben Inhalte im Gedächtnis und werden schnell geteilt. Reine Zahlenkolonnen sind dagegen schnell vergessen.

Themen, die Unternehmen beim Storytelling verwenden, sind einfach zu finden. Wie soll was erzählt werden. Das hängt davon ab, für welche Zielgruppe die Inhalte bestimmt sind und was die Empfänger interessiert. Richten sich die Geschichten an Hobbyköche, junge Mütter oder Autofreaks?

Was hat der Empfänger am Ende davon, wenn er sich die Geschichte anhört oder ansieht? Ist er emotional betroffen, kauft er ein Produkt oder hat er etwas Interessantes erfahren?

Welche Geschichten
erzählen Unternehmen?

Fast jeder könnte auf Anhieb eine Idee aus der Werbung erzählen, die ihm besonders gut gefällt. Das Entscheidende daran ist, dass dann jeder eine kleine Geschichte erzählen würde. Niemand würde sagen, ihm sei die Kampagne des Unternehmens aufgefallen. Genau so ist Storytelling, wenn nicht auf Anhieb die Marke erkennbar ist. Bestimmten Unternehmen aus dem Lebensmittelbereich oder der Autobranche gelingen die Geschichten wunderbar. Allerdings arbeitet hier ein großes Team an der Ideenfindung zusammen und an der Umsetzung der Geschichte. Damit die Botschaft auch wirklich bei dem Empfänger ankommt. So etwas kann sich nicht jede Firma leisten.

Viele Ideen beziehen ich auch auf das Jahr und seine Feste. Da liegt natürlich Weihnachten nahe, um die Feiertage zu thematisieren. Wer will schon das Fest der Liebe ohne seine Familie verbringen? Denn eigentlich fahren die Kinder heim, essen gemütlich zusammen und feiern das Weihnachtsfest. Schon ist ein Thema gefunden, das sich wunderbar gestalten lässt und die Zuschauer emotional bewegt, unterhält und zum Diskutieren anregt. Das Video eignet sich ideal, um in den sozialen Netzwerken geteilt zu werden, denn es ist einfach perfekt inszeniert. Viele kleine Firmen wünschen sich bestimmt auch so einen genialen Werbespot, doch die großen Unternehmen können auf ihren bisherigen Erfolgen aufbauen und sind daher im Vorteil. Sie haben eine Fangemeinde und sind bei ihren Kunden beliebt. Das Produkt muss nicht im Vordergrund stehen, es darf ruhig zurückgenommen werden.

Im Gegensatz zu den großen Unternehmen werben die kleinen Firmen, damit ihr Produkt überhaupt erst bekannt wird. Ihre Geschichte sollte eine Parallele zum Produkt schaffen und gleichzeitig darf die Verbindung zum Kunden nicht fehlen. Bei der Umsetzung der Idee stellen sich viele die Frage, wie teuer die Kampagne werden wird. Auch hier sind Kompromisse möglich, um eine schöne Geschichte zu entwickeln und trotzdem nicht zu viel zu bezahlen. Der Grundgedanke, das Branding, Veröffentlichung, Medien und Videoherstellung lassen sich von verschiedenen Personen übernehmen. Storytelling selbst produzieren: Authentisch zu bleiben ist notwendig und glaubwürdig zu sein. Das Unternehmen muss sich gegenüber seinen Kunden öffnen und zeigen, mit wem es die Kunden zu tun haben. Will ein Unternehmen über seine Entstehung erzählen, dann wird es zu seinen Werten stehen und seine Ziele erklären. Allerdings reicht es nicht, nur von Träumereien zu schwärmen, der Kunde spürt sofort, wenn etwas nicht zusammenpasst. Wenn sich das Unternehmen öffnet und die Kunden sich selbst von den Abläufen und dem Geschehen in der Firma überzeugen können, dann entsteht Nähe zu Kunden, Mitarbeitern und Führungsetage. Eigentlich kann jeder über seine Entstehung sprechen, denn jede Gründung verläuft anders und genau dieses Thema interessiert die Menschen. Je ungewöhnlicher der Inhalt und die Darstellung sind, desto erfolgreicher wird die Seite angeklickt. Wird in einem Shop Kinderkleidung verkauft und von einer Besitzerin geführt, die selbst Kinder hat, dann spricht die Inhaberin aus Erfahrung und ihre Geschichte lässt sich aus der Sicht der Kinder erzählen. So ist jede Unternehmensgeschichte einmalig, da sie Privates über die Gründung offenbart. Zu gerne wird das Persönliche unter Verschluss gehalten, aber genau damit lassen sich Kunden gewinnen. Die Geschichte entwickelt sich täglich weiter und irgendwann kommt so viel Stoff zusammen, da genügt es, nur noch die Meilensteine innerhalb der Geschichte zu notieren.

Tipps zum optimalen Vermitteln

Der Held steht fest, die Intention auch, neben Auseinandersetzung und Freunden fehlen nur noch Anfang, Mitte und Ende. Jetzt muss sich die Firma entscheiden, wie die Geschichte zum Zuschauer kommt.

Da zum Storytelling diverse Formen und Medien verwendbar sind, muss sich der Sender zuvor einige Fragen stellen. Eine Form der Präsentation ist die Rede des Firmeninhabers vor seinen Mitarbeitern. Des Weiteren wird besonders auf einer Tagung eine Multimediashow eingesetzt, damit alle Anwesenden gut sehen und hören können. Eine Geschichte lässt sich drucken oder vertonen sowie als Video anbieten – der Unternehmer kann sich auch für mehrere Wege entscheiden, um seine Geschichte zu verbreiten.

Gerade im digitalen Zeitalter ist es wichtig, auch im Internet präsent zu sein und soziale Netzwerke zu nutzen. Hier kann der Sender aus dem Vollen schöpfen: Text, Bild, Video, Audio, Blog, Podcast. Hier kommen verschiedene Möglichkeiten zum Einsatz und der Nutzer kann selbst bestimmen, welchen Beitrag er sich anhören oder ansehen möchte.

Die möglichen Fragen erleichtern, den Weg der Verbreitung zu bestimmen und die Form der Geschichte festzulegen: Welches Ziel soll durch die Verbreitung der Geschichte erreicht werden? Welche Absicht steckt dahinter? Womit stillt das Unternehmen die Bedürfnisse der Zielgruppe? Wie wird die Geschichte verbreitet und dargestellt? Welche Mittel stellt das Unternehmen zur Auswahl? Warum ist die Entscheidung auf die gewählte Form und den Weg gefallen? Woraus besteht das Produkt und gibt es einen Kundenservice? Was zeichnet das Unternehmen aus? Wie hebt sich das Produkt oder die Dienstleistung von Mitbewerbern ab? Was ist die Besonderheit an dem Unternehmen? Welche Vorbilder wirken motivierend? Womit zieht das Unternehmen die Aufmerksamkeit der Kunden an? Welche Zielgruppe hat welche Bedürfnisse? Wo ist die Zielgruppe zu finden und welche sozialen Medien verwendet die Zielgruppe? Wie sieht die buyer Persona aus?

Das sind viele Fragen, die jedoch im weiteren Verlauf sehr hilfreich sind, wenn es um die Ausarbeitung geht. Denn jede Geschichte hat einen Helden. Der Held kann ein Mensch oder ein Tier sein. Es ist möglich, einem Mitarbeiter oder einem Kunden die Position des Helden zuzuschreiben. Auch der Chef ist ein Held, wenn er von dem Auf und Ab der Firma erzählt, bis sich das Geschäft entwickelt hat. Nicht jedes Unternehmen ist auf Anhieb erfolgreich und kann sich über Jahre hinweg am Markt halten.

Nichts geht heute schneller, als ein Video zu teilen, und damit die Anzahl der User zu erhöhen. Aufgrund dessen empfiehlt es sich, unterschiedliche Medien zu verwenden, um die Geschichte weltweit zu verbreiten. Ein Video lässt sich auch auf einem Blog einbinden, etwa um einen Rundgang durch das Unternehmen zu zeigen.

Wissen reichert eine Website an, besonders wenn dadurch das Produkt näher erklärt wird. Auch Infografiken, zum Beispiel im Vergleich zum Vorjahr, bieten dem Nutzer reichlich Informationen. Zudem sind Fotos ein geschicktes Hilfsmittel, um Textaussagen zu unterstützen oder Personen abzulichten. Eine nicht alltägliche Verbreitung der Geschichte erweckt auf jeden Fall mehr Aufmerksamkeit als ein Buch. Auch wenn Social Media für einige Personen noch ungewohnt ist, eine schnellere Verbreitung gibt es im Moment nicht. Das Video wird eingestellt und alles andere funktioniert von selbst. Mit einem Hashtag können andere User sich noch leichter verständigen.

SEO bezieht sich auch auf Storytelling, denn die Geschichten sollen von den Suchmaschinen vorgeschlagen werden. Untersuchungen haben ergeben, dass gerade lange Texte auf den ersten Plätzen stehen. Daher ist der Inhalt der Geschichten ein Bereich des Contentmarketings, wozu neben der typischen Suche auch Ergebnisse wie Fotos gehören.

Die Suchmaschine trägt dazu bei, dass ein Text sofort gefunden wird und dem Suchenden angezeigt werden kann. Doch nicht jeder Text eignet sich für die erste Seite. Die Suchmaschine filtert nur bestimmte Inhalte heraus, die einzigartig und besonders sein müssen. Darum sollte Content sorgfältig vorbereitet werden und informativ sein. Auch Keywörter sind hilfreich, um den Text auf die ersten Plätze zu befördern. Denn nur wenn der Text auch angezeigt wird, kann er von Suchenden ausgewählt werden. Deshalb ist es erstmal wichtig, auf den vorderen Seiten zu erscheinen. Danach entscheidet sich, ob den Lesern der Inhalt gefällt. Die

Kommentare können sowohl positiv als auch negativ sein und auch das Teilen ist erstmal nur eine Verteilung, denn auch Negatives wird geteilt. Im Allgemeinen spricht es sich im Netz schnell herum, wenn eine Geschichte die User anspricht. Auf die Art ist der Erfolg für das Produkt schon vorprogrammiert.

Fazit

Storytelling wird in den unterschiedlichsten Bereichen verwendet. Sowohl große Unternehmen als auch kleine Betriebe erfreuen sich dieser Methode. Denn Geschichten werden einerseits gern gehört und andererseits gern erzählt. So sind es dann Berufszweige wie Lehrkräfte, Psychologen und Werbetexter, die ihre Geschichten erzählen, um anderen etwas mitzuteilen.

Da sich die Geschichte einfach gestalten lässt und von jedem verstanden wird, spricht sie die Empfänger an, weckt Emotionen und ist begeisterungsfähig. Aufgrund dessen haben es die Geschichtenerzähler einfach, ihre

Botschaften an die passenden Empfänger zu entsenden.

Storytelling ist in verschiedenen Medien und Formaten möglich. Gerade im Netz sorgen Video, Blog und andere digitale Medien für spannende Unterhaltung. Schließlich inszeniert sich auch der Sender und gibt damit viel über sich selbst und sein Unternehmen preis. Doch nur so ist es möglich, mit Storytelling ein Produkt oder ein anderes Angebot in den Mittelpunkt zu stellen. Kunden sind wissbegieriger und interessierter, daher wollen sie auch mehr über die Chefs, deren Unternehmen und das Produkt erfahren. Was macht der Unternehmer in seiner Freizeit? Wie wurde das Produkt hergestellt? Welchen Mehrwert hat der Kunde? Überzeugende Inhalte mit gut recherchiert aufbereiteten Neuigkeiten zu kombinieren und auf der ganzen Welt zu verbreiten, ist heutzutage sehr einfach.

Der Beweis sind die neuen und alten Kunden, die auf die Geschichte aufmerksam geworden sind.

Eine Geschichte zu schreiben bedarf also etwas Vorbereitung, wenn dabei ein bestimmtes Ziel angestrebt wird. Ob der Aufbau aus dem Anfang, der Mitte oder dem Schluss besteht oder ein anderes Schema verwendet wird, liegt allein an dem Geschichtenerzähler. Eine Geschichte lässt sich nämlich sowohl in 5 Schritten als auch in 12 Schritten aufbereiten. Wichtig ist dabei immer die Spannung aufrechtzuerhalten, damit der Zuschauer oder Leser interessiert dabeibleibt. Ein Tipp: Die Geschichte sollte gleichzeitig so angelegt sein, dass sie sich für verschiedene Medien eignet. Erzähler, die noch nicht mit den sozialen Netzwerken vertraut sind, sollten sich damit befassen, denn die virale Verbreitung ist rasant. Über Nacht ist eine enorme Verteilung möglich, doch dazu muss sich der Sender auch mit der modernen Technik vertraut machen. Trotzdem ist eine eigene Website ideal, um Fotos und Videos hochzuladen. Denn zwei Begriffe sind ausschlaggebend: Verweildauer und Suchmaschine. Eine Website mit der passenden Überschrift, hochwertigen Fotos und einem Video bietet dem User viel an. Die Fotos sollen wirklich hochwertig sein, sonst verlässt der Besucher die Seite gleich wieder. Außerdem darf die Seite nicht zu überladen sein, weil sich der Besucher sonst nicht zurechtfindet und die Website verlässt. Manchmal reicht ein gut platziertes Logo aus, um den Besucher länger auf der Seite zu halten.

Die Menschen kaufen ein Produkt hauptsächlich, weil es sie berührt oder emotional anspricht. Auch wenn sich der Mensch bemüht, nicht emotional zu reagieren, sondern mit dem Kopf zu entscheiden, gelingt es ihm nicht, weil das Denken unbewusst passiert.

Storytelling ist vielfältig einsetzbar und es kann aufgrund seiner emotionalen Wirkung beim Empfänger noch lange in Erinnerung bleiben. Auf die Art lassen sich auch komplizierte Zusammenhänge leicht erklären und in amüsante Geschichten verpacken.

Haftungsausschluss

Die Umsetzung aller enthaltenen Informationen, Anleitungen und Strategien dieses Buchs erfolgt auf eigenes Risiko. Für etwaige Schäden jeglicher Art kann der Autor aus keinem Rechtsgrund eine Haftung übernehmen. Für Schäden materieller oder ideeller Art, die durch die Nutzung oder Nichtnutzung der Informationen bzw. durch die Nutzung fehlerhafter und/oder unvollständiger Informationen verursacht wurden, sind Haftungsansprüche gegen den Autor grundsätzlich ausgeschlossen. Ausgeschlossen sind daher auch jegliche Rechts- und Schadensersatzansprüche. Dieses Werk wurde mit größter Sorgfalt nach bestem Wissen und Gewissen erarbeitet und niedergeschrieben. Für die

Aktualität, Vollständigkeit und Qualität der Informationen übernimmt der Autor jedoch keinerlei Gewähr. Auch können Druckfehler und Falschinformationen nicht vollständig ausgeschlossen werden. Für fehlerhafte Angaben vom Autor kann keine juristische Verantwortung sowie Haftung in irgendeiner Form übernommen werden.

Urheberrecht

Impressum

© Christopher Lodge

2018

1. Auflage

Alle Rechte vorbehalten

Nachdruck, auch in Auszügen, nicht gestattet

Kein Teil dieses Werkes darf ohne schriftliche

Genehmigung des Autors in irgendeiner Form

reproduziert, vervielfältigt oder verbreitet werden

Druckerei: Amazon Media EU S.á r.l., 5 Rue Plaetis,

L-2338, Luxembourg

Kontakt: RPS Handel, Bahnhofstraße 129, 40883

Ratingen

Covergestaltung: www.depositphotos.com

www.ingramcontent.com/pod-product-compliance
Lightning Source LLC
Chambersburg PA
CBHW020558220526
45463CB00006B/2361